Frauke Jessen-Narr

„Fühl mal!“
Grimms Märchen

Erlebnisgeschichten in Leichter Sprache für Menschen mit hohem Unterstützungsbedarf

VON LOEPER LITERATURVERLAG

Bibliographische Information der Deutschen Bibliothek
Die Deutsche Bibliothek verzeichnet diese Publikation in der
Deutschen Nationalbibliographie; detaillierte bibliographische Daten
sind im Internet unter http://dnb.ddb.de abrufbar.

Gehen Sie uns „ins Netz"!
Besuchen Sie uns im Internet unter
www.vonLoeper.de

Gerne senden wir Ihnen kostenlos ausführliche Informationen
zu unserem Verlagsprogramm zu und informieren Sie regelmäßig über
wichtige Neuerscheinungen zum Thema. (Adresse siehe unten)

Wichtiger Hinweis:
Ausführliche Zusatzinformationen zu diesem Buch,
Hinweise, wichtige Links und weiteres Bonus-Material
finden Sie im Internet unter
www.vonLoeper.de

Illustrationen: Frauke Jessen-Narr
Texte in Leichter Sprache geprüft vom Büro für Leichte Sprache der Diakonie Stetten e. V.

Originalausgabe

1A-7.5H-0124-dd

Gesamtherstellung und Vertrieb:
Ariadne Buchdienst,
Daimlerstr. 23, 76185 Karlsruhe
Tel. (0721) 464729-029
Fax (0721) 464729-099
E-Mail: Info@vonLoeper.de
Internet: www.vonLoeper.de

ISBN 978-3-86059-291-5

Inhalt

1 Auf ein Wort …

Früher wurden Märchen von Erwachsenen für Erwachsene erzählt, heute ist die Kunst des Märchenerzählens in Europa fast ausgestorben. Die Bedeutung von Märchen in ihrer ursprünglichen Form als mündliche Überlieferung ist in allen Kulturkreisen groß.

Im deutschsprachigen Raum wurde der Begriff Märchen insbesondere durch die Kinder- und Hausmärchen der Brüder Grimm geprägt, um die es in diesem Buch gehen soll. 1812 erschien die erste Ausgabe der Märchensammlung, inzwischen ist sie nach der Bibel das erfolgreichste Buch der Welt und wurde in über 160 Sprachen übersetzt. Seit 2005 gehört es in der Form der „Kasseler Handexemplare" mit den handschriftlichen Notizen der Brüder Grimm zum UNESCO-Weltdokumentenerbe und „Memory of the world" mit der Begründung:

„Sie gleichen einem Hohlspiegel, der die durch mehrere Kulturen geprägten Märchentraditionen einfängt, in neuer Form zusammenfasst, bündelt und so zurückstrahlt, dass eine neue Tradition daraus erwächst und weltweite Wirkung entfaltet. Die Einzigartigkeit und globale Strahlkraft dieser Sammlung geht darauf zurück, dass die Brüder Grimm über deutsche und europäische Bezüge hinaus gingen und ein fast universelles Muster völkerübergreifender Märchenüberlieferung geschaffen haben." (Deutsche UNESCO Kommission, 2021)

Über die Grimm'schen Märchen wurde und wird viel diskutiert. Sie wurden politisch, tiefenpsychologisch, neurobiologisch und theologisch analysiert, literarisch und pädagogisch eingeordnet, für die Werbeindustrie kommerzialisiert und in Serien und Filmen für Erwachsene fortgeschrieben.

„Es war einmal …", „Spieglein, Spieglein an der Wand …", „… und wenn sie nicht gestorben sind …" und natürlich auch „Knusper, knusper, knäuschen …" sind Zitate, die wie die Figuren vom Froschkönig, Schneewittchen und der Hexe vielen Menschen bekannt sind. Es gibt ein (Märchen-) Grundwissen, das seit Generationen und generationsübergreifend vermittelt wird. Märchen haftet weiterhin ein zauberischer Glanz an. Märchen haben uns alle in der ein oder anderen Form durch unsere Kindheit begleitet: sei es auf dem Schoß eines Erwachsenen, oder beim Schauen einer *Disney*-Adaption. Sie sind Teil unserer Sozialisation. Und sie sind Teil der Sozialisation auch von Menschen mit hohem Unterstützungsbedarf.

Wie schon bei den im ersten Buch „Fühl mal!" Gottes Wort (von Loeper Literaturverlag) thematisierten Bibelgeschichten, darf auch bei Märchen angenommen werden, dass es bereits Begegnungen mit den Texten gab, dass bereits Stimmungen und Geräusche mit ihnen verknüpft werden, dass es vertraute, oft wiederholte Textpassagen gibt. In diesem Buch sollen Märchen mit dem Ziel adaptiert werden, sie leiblich erlebbar und sinnlich erfahrbar zu machen. „Mit Hilfe von einfacher Sprache, ausgewählter Musik und veranschaulichenden Gegenständen, Geräuschen oder Gerüchen sollen die Märchen so gestaltet werden, dass sie fühlbar, hörbar, riechbar, sichtbar, greifbar – und damit erfassbar gemacht werden.

Diese […] Art der Erzählung hofft darauf, Gefühle in besonderer Weise zu berühren und damit Zugänge, Erlebnisräume und Ausdrucksformen zu eröffnen, die über Sprache hinausgehen.

[Sie hofft] Impulse zu finden, die […] Aufmerksamkeit erzeugen und damit eine Auseinandersetzung anregen. Diese Auseinandersetzung stößt eine neue Erfahrung, eine neue Sicht auf sich selbst und die Welt an." (Jessen-Narr, 2018)

Das „Fühl mal!"-Konzept wurde bereits im letzten Buch vorgestellt und soll hier noch einmal näher im nächsten Kapitel erläutert werden. An dieser Stelle möchte ich nur so viel erwähnen: die hier vorgestellte Form des Geschichten-Erzählens verstehe ich als Teil der kulturellen Bildung und sozialen Teilhabe für Menschen mit hohem Unterstützungsbedarf.

Meine Erfahrung zeigt, dass dieser Ansatz eine Erzählhaltung und Erzählatmosphäre schafft, bei dem die Angesprochenen spüren, dass ihnen mit Respekt und auf Augenhöhe begegnet wird. „Die persönliche Eigenart des Gegenübers wird wertgeschätzt indem überlegt wird, wo seine Stärken und Kommunikationsmöglichkeiten liegen – wie man ihn erreichen und in Kontakt kommen kann. Diese ressourcenorientierte Haltung soll dem zuhörenden und teilnehmenden Menschen das identitätsstiftende Gefühl vermitteln: Mein Dabeisein, Mittun und Mitfühlen hat Bedeutung, ich bin Teil dieses Geschehens und dieser Gemeinschaft." (Jessen-Narr, 2018)

In diesem Sinne wünsche ich Ihnen viel Freude beim (Neu-) Erleben der Grimm'schen Kinder- und Hausmärchen.

Stetten, den 21.09.2023
Frauke Jessen-Narr

2 Das „Fühl mal!“-Konzept

Einführung

Das „Fühl mal!“-Konzept ermöglicht es kulturtragende Geschichten in Leichter Sprache und kombiniert mit sinnlichen Effekten anzubieten, damit auch diejenigen Teilnehmenden, denen der Zugang zum gesprochenen Wort fehlt dem Geschichtenverlauf spürend folgen können.

Dem Erzähler und den Handelnden steht dabei ein Ablaufraster zur Verfügung, in dem alle Informationen übersichtlich und zeitlich sortiert auf einen Blick zur Verfügung gestellt werden. Als Handelnde werden diejenigen bezeichnet, die im Verlauf der Geschichte die Effekte anbieten. Eine Materialliste erleichtert das Zusammenstellen aller benötigten Gegenstände. Das Konzept ist für Gruppen entwickelt worden.

Bearbeitung der Märchen

Für das „Fühl mal!“-Konzept wurde eine Auswahl der Märchen von den Brüdern Grimm getroffen und vereinfacht dargestellt. Inhaltlich orientieren sich die Märchen an den „Die Kinder- und Hausmärchen der Brüder Grimm“ erschienen im Kinderbuchverlag Berlin-DDR 1963. In den Erlebnisgeschichten fehlen Teile und Wendungen der Originalgeschichten. Die Reduzierung des Inhaltes auf wenige Sätze ist wichtig, um die Geschichte in ihrer Struktur übersichtlich und die Erzählzeit überschaubar zu halten. Zu viele Informationen und Nebenerzählstränge lenken vom eigentlichen Kern der Geschichte ab. Der Fokus der Geschichte muss auf denjenigen Elementen liegen, die für den Fortgang der Geschichte wichtig sind und deren Sinn tragen. Diese Vereinfachung erleichtert die allgemeine Verständlichkeit der Geschichte.

Wiederholungen dienen der Vertiefung des Gesprochenen und begleiten die Effektangebote, um eine Verknüpfung von Sinneseindruck und Wort zu ermöglichen. Die „Fühl mal!“-Geschichten sind der Versuch, die Aussage, die Gefühle und Wendungen der Geschichte mit Hilfe von Sprache und Effekten erlebbar zu machen. Der vereinfachte gesprochene Text und die Effekte sind so geordnet, dass der Erzählfluss erhalten, der Sinn optimal vereinfacht und schlüssig erlebbar dargestellt wird.

Zielgruppe

Die Erlebnisgeschichten wenden sich an Gruppen von Menschen mit hohem Unterstützungsbedarf und an Menschen mit nicht vollständig entwickeltem oder verloren gegangenem Sprachverständnis.

Dauer

Die Erlebnisgeschichten sind so konzipiert, dass sie eine Dauer von 30 Minuten nicht überschreiten. Diese Dauer ist mit einer Gruppe von durchschnittlich 10 Personen erarbeitet worden. Die angestrebte Verknüpfung von Einzelreizen erfordert eine hohe Konzentrationsleistung. Eine längere Erzählzeit kann zu einer Überforderung der Teilnehmenden führen, möglicherweise können Text und Effekte nicht mehr verarbeitet werden.

Aus dem gleichen Grund ist es nicht sinnvoll die Dauer der Erlebnisgeschichte durch ein schnelleres Anbieten der Effekte zu verkürzen.

Raum

Idealerweise steht für die Erlebnisgeschichten ein eigener, angemessen großer, reizarmer Raum mit Verdunklungsmöglichkeit zur Verfügung. Es kann aber grundsätzlich jeder Raum für die Erzählsituation genutzt werden.

Wenn möglich sollte der Raum vorher gestaltet werden. So können die Teilnehmenden einen Raum erleben, der durch eine besondere Atmosphäre (z.B. Beleuchtung, Musik) schon beim Hereinkommen auf die Geschichte einstimmt.

Störungen (Telefon, Nebengeräusche) sind so weit wie möglich zu vermeiden.

Rollenverteilung

In einer kurzen Vorbesprechung der Geschichte wird festgelegt, wer die Texte liest. Die sprechende Person wechselt während der Geschichte nicht. Je nach Geschichte werden einzelne Sprechanteile von anderen Handelnden übernommen, dies ist im Raster entsprechend aufgeführt. Welche handelnde Person, welchen Effekt übernimmt wird ebenfalls in der Vorbesprechung festgelegt und im Raster vermerkt.

Es kann bei größeren Gruppen sinnvoll sein, für einen Effekt zwei Handelnde und zwei Effektmaterialien einzuplanen, damit die Wartezeit für die Teilnehmenden nicht zu lange wird, der Erzählfluss erhalten und die Erzählzeit im gewünschten Rahmen bleibt.

Sprache

Die Sprache der „Fühl mal!“-Geschichten ist bewusst sehr einfach gewählt. Wiederholungen sind gewollt.

In den „Fühl mal!“-Geschichten sind Originalzitate aus den ursprünglichen Geschichten zu finden. Diese Originalzitate dienen als Stilmittel. Sie sind nicht in Leichte Sprache übersetzt und können wahrscheinlich von den meisten Teilnehmenden nicht wörtlich verstanden werden. Diese Originalzitate sind aber möglicherweise aus ihrer Vorgeschichte den Teilnehmenden schon bekannt und es kann auf eine biografische Erfahrung aufgebaut werden.

In dem hier vorliegenden Buch wird auf diesem Wege versucht Assoziationen, die fast jeder Mensch mit dem Märchen verknüpft, aufzugreifen und auch den Teilnehmenden zugänglich zu machen. Dies ist ein bewusstes Stilmittel.

Lesehaltung

Die Texte der Erlebnisgeschichten sind bewusst kurz und einfach gestaltet. Umso mehr liegt der Fokus auf der Art des Lesens. Auch bei kurzen Sätzen können durch die Betonung, die Lautstärke, die Pausen und die Sprechgeschwindigkeit Spannung aufgebaut und bei den Teilnehmenden Interesse und Gefühle geweckt und Assoziationen und innere Bilder ermöglicht werden.

Der dem Effekt zugeordnete Text wird so lange wiederholt, bis sich alle Teilnehmenden mit dem Effekt auseinandersetzen konnten. Wurde allen Teilnehmenden der Effekt angeboten, ist es sinnvoll einen größeren Textabschnitt zu wiederholen oder den gesamten Text zum Effekt noch einmal zusammenhängend zu lesen, um den Faden der Geschichte wieder aufzunehmen und den Sinnzusammenhang wieder herzustellen.

Um die Einfachheit der Sprache zu erhalten sind Variationen des Textes während des Lesens nicht sinnvoll. Jeder neue Satz setzt einen neuen Sprachimpuls. Eine zu hohe Zahl an Sprachimpulsen kann eine Überforderung darstellen.

Effekte

Die Effekte und Gesten tragen den Fortlauf der Geschichte. Sie ermöglichen das Miterleben und Spüren der Geschichte und sind der Kern des „Fühl mal!"-Konzeptes. Auf sie wird in der Erzählsituation ein besonderes Augenmerk gelegt.

Unter Effekten werden die Angebote zusammengefasst, die eines Materials bedürfen; mit Gesten sind bedeutungsvolle Berührungen gemeint. Die Effekte und Gesten werden den Teilnehmenden in einer Art und Weise angeboten, dass Aufnahme und Verarbeitung des Reizes möglich sind.

Zur Art und Weise gehören:

Die Begegnung

Die zugewandte Kontaktaufnahme zwischen den Handelnden und Teilnehmenden ist die Grundlage für eine gelungene Begegnung.

Die Position

Der Effekt/die Geste sollte so angeboten werden, dass sie den Teilnehmenden nicht überraschen. Visuelle Reize sollten nicht zu fern aber auch nicht zu nah angeboten werden, eventuelle Sehbeeinträchtigungen der Teilnehmenden sind dabei zu berücksichtigen.

Die Dauer

Nach unseren Erfahrungen werden der Effekt und die Gesten typischerweise eher zu schnell angeboten und zu schnell wieder entfernt. Eine gute Beobachtung des Teilnehmenden ist Voraussetzung um zu erkennen, ob der Reiz „angekommen" ist, ob er aufgenommen und verarbeitet wurde.

Die Intensität

Auch hier ist ein mitfühlendes Beobachten wichtig um zu erkennen ob eine Berührung zu zart oder zu fest, die Lautstärke zu hoch oder zu niedrig oder ein Geruch zu intensiv ist. Die Verantwortung für die angemessene Darbietung des Effekts liegt in der Hand des Handelnden. Die Handelnden können sich ausreichend Zeit nehmen!

Die sprechende Person trägt die Verantwortung dafür, dass die Texte zum Effekt ausreichend oft wiederholt werden und der Geschichtenfluss durch Wiederholen eines größeren Textbausteines wieder aufgenommen wird.

Beim Anbieten der Effekte und Gesten müssen Abwehrreaktionen der Teilnehmenden ernst genommen werden. Welche schlechten Erfahrungen oder sogar Traumata bei bestimmten Reizen ausgelöst werden können, kann nicht vorhergesehen werden. Auch haben die Teilnehmenden das Recht, nicht an der Geschichte partizipieren zu wollen.

Erzählkreis

Beim Erleben der Geschichte sitzen die Teilnehmenden gemeinsam mit der sprechenden Person und den Handelnden im Kreis. Die Handelnden sollten ihre Effektmaterialien nahe bei sich haben, so dass sie störungsfrei hervorgeholt werden können. Im Verlauf der Erlebnisgeschichte bewegen sich die Handelnden mit den Effekten im Raum, die sprechende Person bleibt an einem festen Platz sitzen. Durch die Sitzordnung ist es möglich, Effekte auch in der Mitte anzubieten oder die Kreismitte zu gestalten.

Teilnehmende, die nur liegend bei der Geschichte mitmachen können, sollten so gut wie möglich in den Kreis integriert werden.

Materialliste

Vor jedem Geschichtenraster befindet sich eine Auflistung aller Gegenstände, die für die jeweilige Geschichte benötigt werden. Die Gegenstände können abgehakt werden, um die Vorbereitungen für die Geschichte zu erleichtern.

In dieser Liste wird auch erklärt, wozu einzelne Effektmaterialien dienen und welches Gefühl, welche Stimmung sie auslösen sollen. So kann das Finden eines Ersatzmaterials erleichtert werden, wenn das beschriebene Material nicht zur Verfügung steht.

Märchen variieren

Jede der Erlebnisgeschichten ist als Vorschlag anzusehen, der je nach Zielgruppe weiterentwickelt oder in der Gestaltung angepasst werden kann und soll. Es sollte bei Veränderungen und Anpassungen aber immer der Kontext der Originalgeschichte beachtet werden, um die Geschichte nicht zu verfälschen.

Es ist sinnvoll, sich zunächst auf das vorgegebene Raster einzulassen und erst dann die möglicherweise nötigen Veränderungen zu besprechen und einzubauen. So kann im Laufe der Zeit eine für den jeweiligen Personenkreis optimal zugeschnittene Erlebnisgeschichte entstehen.

Das „Fühl-mal!"-Geschichten Raster

Die „Fühl mal!"-Geschichten sind in ein Raster gefasst. Dieses Raster soll den Einstieg in das „Fühl mal!"-Konzept erleichtern und den Überblick für alle Beteiligten während des Erzählens gewährleisten.

Das Raster ist möglichst selbsterklärend gestaltet, dennoch soll zur Verdeutlichung auf die einzelnen Überschriften näher eingegangen werden.

Material

In dieser Spalte ist sämtliches Material aufgelistet, das für den nächsten Effekt benötigt wird und bereitgehalten werden sollte.

Effekt

In dieser Spalte wird erklärt, welcher Effekt, welche Aktion das gesprochene Wort unterstützen und verstärken soll. Es gibt Effekte (z.B. Geräusche) die allgemein z.B. in der Kreismitte ausgelöst werden, andere Effekte werden jeder teilnehmenden Person einzeln angeboten. (siehe auch S. 11 f. *Effekte*)

Text

Der Text in dieser Spalte wird von einer vorher festgelegten sprechenden Person gelesen. Soll ein Text von einer anderen Sprechstimme gelesen werden, wird in der Spalte Texthinweise extra darauf hingewiesen.

Einige Wiederholungen wurden bereits im Text eingebaut, andere müssen sich an der jeweiligen Situation (z.B. der Dauer des Effektes) orientieren.

(siehe S. 10 f. *Sprache* und S. 11 *Lesehaltung*)

Handelnde, Texthinweise

Diese Spalte ist bewusst leer gelassen worden. Hier können die Namen der Handelnden eingetragen werden, die den Teilnehmenden den Effekt anbieten oder einen Effekt auslösen. So weiß jede handelnde Person zu jeder Zeit wer welche Aufgaben übernommen hat.

In dieser Spalte können auch Hinweise für die sprechende Person notiert werden (z.B. Sprachstimmung oder Lautstärke).

3 Die Geschichten

3.1 Frau Holle

Eine Mutter hat zwei Töchter.
Beide Töchter heißen Marie.
Die eine Marie ist fleißig und schön.
Die andere Marie ist hässlich und faul.

Die fleißige Marie sitzt jeden Tag am Brunnen und spinnt.
Sie macht einen Faden aus Wolle.
Sie spinnt mit einer Spindel.
Die fleißige Marie spinnt und spinnt.
Sie spinnt, bis ihre Finger bluten.

Eines Tages fällt der fleißigen Marie die Spindel in den Brunnen.
Oje, da wird die Mutter schimpfen.
Die fleißige Marie muss die Spindel heraufholen.
Also springt sie in den Brunnen.
Die fleißige Marie fällt und fällt.

Alles dreht sich.
Sie wird ohnmächtig.

Die fleißige Marie wacht wieder auf.
Sie liegt auf einer Wiese.
Die Blumen blühen.
Die Sonne scheint.
In der Nähe steht ein alter Backofen.
Aus dem Backofen riecht es gut.
Im Backofen sind Brote.
Die Brote rufen:
Ach, zieh mich raus, zieh mich raus.
Ich bin schon längst ausgebacken.
Die fleißige Marie holt die Brote aus dem Ofen.
Dann geht sie weiter.

Sie kommt an einen Apfel·baum.
Der Apfel·baum hängt voller Äpfel.
Der Baum ruft:
Ach, schüttel mich, schüttel mich.
Meine Äpfel sind alle miteinander reif.

Die fleißige Marie schüttelt den Baum.
Sie legt die Äpfel auf einen Haufen.
Dann geht die fleißige Marie weiter.

Sie kommt an ein Haus.
Eine alte Frau schaut heraus.
Das ist die Frau Holle.
Die Frau Holle sagt zur fleißigen Marie:
Du kannst bei mir arbeiten.
Die fleißige Marie ist einverstanden.

Sie kocht und putzt für die Frau Holle.
Und sie schüttelt die Bett·decken aus, dass die Bett·federn fliegen.
Die Bett·federn werden zu Schnee.
Dann schneit es auf der Erde.

So geht es viele Tage.
Die Frau Holle ist sehr zufrieden mit der fleißigen Marie.
Aber die fleißige Marie bekommt Heimweh.
Sie möchte wieder nach Hause.

Frau Holle bringt die fleißige Marie zu einem Tor.
Marie geht durch das Tor.
Da regnet es Gold!
Das Gold bleibt an ihr kleben.
Frau Holle sagt:
Das Gold ist für dich.
Weil du so fleißig warst.

Die fleißige Marie geht durch das Tor.
Sie ist wieder zu Hause bei ihrer Mutter.
Der Hahn ruft:
Kikeriki – unsere goldene Jungfrau ist wieder hie.

Die Mutter sieht das viele Gold.
Sie freut sich darüber.
Die Mutter denkt:
Die faule Marie soll auch so viel Gold haben.

Also schickt sie die faule Marie zum Brunnen.
Aber die faule Marie spinnt **nicht**.
Die faule Marie wirft einfach die Spindel in den Brunnen.

Sie springt in den Brunnen.
Sie fällt und fällt.
Alles dreht sich.
Die faule Marie wird ohnmächtig.

Die faule Marie wacht wieder auf.
Sie liegt auf einer Wiese.
Die Blumen blühen.
Die Sonne scheint.
In der Nähe steht der alte Backofen.
Die Brote rufen wieder:
Ach, zieh mich raus, zieh mich raus.
Ich bin schon längst ausgebacken.
Aber die faule Marie geht einfach weiter.
Sie lässt die Brote verbrennen.

Sie kommt an einen Apfel·baum.
Der Apfel·baum ruft wieder:
Ach, schüttel mich, schüttel mich.
Meine Äpfel sind alle miteinander reif.

Aber die faule Marie geht einfach weiter.
Sie erntet die Äpfel **nicht**.

Sie kommt an ein Haus.
Die Frau Holle schaut heraus.
Die Frau Holle sagt zur faulen Marie:
Du kannst bei mir arbeiten.
Die faule Marie ist einverstanden.

Sie kocht und putzt für die Frau Holle.
Und sie schüttelt die Bett·decken aus.
Aber die faule Marie schüttelt **nicht** kräftig genug.
Die Bett·federn fliegen **nicht** in die Luft.
Es schneit **nicht** auf der Erde.

So geht es ein paar Tage.
Die Frau Holle ist **nicht** zufrieden mit der faulen Marie.
Deswegen schickt sie die faule Marie wieder nach Hause.

Die Frau Holle bringt die faule Marie zu dem Tor.
Die faule Marie geht durch das Tor.

Da regnet es Pech!

Das Pech bleibt an ihr kleben.

Das Pech stinkt!

Frau Holle sagt:

Das Pech ist für dich.

Weil du so faul warst.

Der Hahn ruft:

Kikeriki – unsere schmutzige Jungfrau ist wieder hie.

Materialliste: Frau Holle

Material	Verwendung
Spinnrad und Wolle	Marie spinnt
kleinen Gegenstand in Wasserschüssel fallen lassen	die Spindel fällt in den Brunnen
großen Gegenstand in Wasserschüssel fallen lassen	Marie springt in den Brunnen
Vogelgezwitscher	Marie erwacht auf einer Wiese
Brotgeruch, frisches Brot	das Brot backt im Ofen
Äpfel, Apfelsaft	die Äpfel hängen am Baum
Daunendecke, Federn	wenn Frau Holles Decke kräftig ausgeschüttelt wird, schneit es auf der Erde
Goldschokotaler, Goldflitter	die fleißige Marie geht durch das Tor nach Hause und wird belohnt
schwarzes Konfetti Bitumenkleber oder schwarze „Zugsalbe“	die faule Marie geht durch das Tor nach Hause und wird bestraft

Fühl mal! Frau Holle

Material	Effekt	Text	Handelnde/ Texthinweise
		Ich erzähle euch eine Geschichte.	
		Ich erzähle euch die Geschichte von Frau Holle.	
		Eine Mutter hat zwei Töchter. Beide Töchter heißen Marie.	
		Die eine Marie ist fleißig und schön. Die andere Marie ist hässlich und faul.	
Spinnrad Wolle	Spinnen Wolle fühlen lassen	Die fleißige Marie sitzt jeden Tag am Brunnen und spinnt. Die fleißige Marie spinnt und spinnt. Die fleißige Marie spinnt, bis ihre Finger bluten.	
Wasserschüssel Kleiner Gegenstand	Kleinen Gegenstand ins Wasser werfen	Eines Tages fällt die Spindel in den Brunnen. Oje, da wird die Mutter schimpfen. Die fleißige Marie muss die Spindel heraufholen.	
Wasserschüssel Großer Gegenstand	Großen Gegenstand ins Wasser werfen, spritzen	Also springt die fleißige Marie in den Brunnen.	
		Die fleißige Marie fällt und fällt. Alles dreht sich. Die fleißige Marie wird ohnmächtig.	
Vogelgezwitscher	Vogelgezwitscher	Die fleißige Marie wacht wieder auf. Sie liegt auf einer Wiese. Die Blumen blühen. Und die Sonne scheint.	

Material	Effekt	Text	Handelnde/ Texthinweise
Brotgeruch Frisches Brot	Brot riechen Brot schmecken	In der Nähe steht ein alter Backofen. Aus dem Backofen riecht es gut. Im Backofen sind Brote.	
	Stimme Brot	Die Brote rufen: Ach, zieh mich raus, zieh mich raus. Ich bin schon längst ausgebacken.	
		Die fleißige Marie holt die Brote aus dem Ofen.	
		Dann geht die fleißige Marie weiter.	
Äpfel Apfelsaft	Äpfel oder Apfelsaft probieren Äpfel fühlen	Dort steht ein Apfelbaum. Der Apfelbaum hängt voller Äpfel.	
	Stimme Apfelbaum	Der Baum ruft: Ach, schüttel mich, schüttel mich. Meine Äpfel sind alle miteinander reif.	
		Die fleißige Marie schüttelt den Baum. Die fleißige Marie legt die Äpfel auf einen Haufen.	
		Dann geht die fleißige Marie weiter.	
		Dort steht ein Haus. Eine alte Frau schaut heraus. Das ist die Frau Holle.	
		Die Frau Holle sagt zur fleißigen Marie:	
	Stimme Frau Holle	Du kannst bei mir arbeiten. Du kannst für mich kochen und putzen.	

Material	Effekt	Text	Handelnde/ Texthinweise
Daunendecke Federn	Daunendecke schütteln Federn fliegen lassen	Die fleißige Marie schüttelt die Bettdecken aus. Die Bettfedern fliegen. Die Bettfedern werden zu Schnee. Dann schneit es auf der Erde.	
		So geht es viele Tage. Die Frau Holle ist sehr zufrieden mit der fleißigen Marie. Aber die fleißige Marie bekommt Heimweh.	
	Stimme Marie	Ich möchte wieder nach Hause!	
Goldschokotaler Goldflitter	Goldschokotaler in den Schoß fallen lassen Goldflitter fliegen lassen	Frau Holle bringt die fleißige Marie zu einem Tor. Als Marie durch das Tor geht regnet es Gold! Das Gold bleibt an ihr kleben.	
		Die Frau Holle sagt:	
	Stimme Frau Holle	Das Gold ist für dich. Du warst sehr fleißig.	
		Die fleißige Marie geht durch das Tor. Sie ist wieder zuhause bei ihrer Mutter.	
	Stimme Hahn	Der Hahn ruft: Kikeriki – unsere goldene Jungfrau ist wieder hie.	
		Die Mutter freut sich, als sie das viele Gold sieht. Die Mutter denkt: Die faule Marie soll auch so viel Gold haben.	

Material	Effekt	Text	Handelnde/ Texthinweise
		Also schickt sie die faule Marie zum Brunnen.	
Wasserschüssel Kleiner Gegenstand	Kleinen Gegenstand ins Wasser werfen	Aber die faule Marie spinnt nicht. Die faule Marie wirft einfach die Spindel in den Brunnen.	
Wasserschüssel Großer Gegenstand	Großen Gegenstand ins Wasser werfen	Die faule Marie springt in den Brunnen.	
		Die faule Marie fällt und fällt. Alles dreht sich. Die faule Marie wird ohnmächtig.	
Vogelgezwitscher	Vogelgezwitscher	Die faule Marie wacht wieder auf. Sie liegt auf einer Wiese. Die Blumen blühen. Und die Sonne scheint.	
Brotgeruch Frisches Brot	Brotgeruch	In der Nähe steht der alte Backofen.	
	Stimme Brote	Die Brote rufen wieder: Ach, zieh mich raus, zieh mich raus. Ich bin schon längst ausgebacken.	
		Aber die faule Marie geht einfach weiter. Die faule Marie lässt die Brote verbrennen.	
Äpfel Apfelsaft	Äpfel oder Apfelsaft probieren Äpfel fühlen	Dort steht der Apfelbaum.	
	Stimme Apfelbaum	Der Apfelbaum ruft wieder: Ach, schüttel mich, schüttel mich. Meine Äpfel sind alle miteinander reif.	
		Aber die faule Marie geht einfach weiter. Die faule Marie erntet die Äpfel nicht.	

Material	Effekt	Text	Handelnde/ Texthinweise
		Dort steht das Haus. Die Frau Holle schaut heraus.	
		Die Frau Holle sagt zur faulen Marie:	
	Stimme Frau Holle	Du kannst bei mir arbeiten. Du kannst für mich kochen und putzen.	
Daunendecke	Daunendecke nicht zu kräftig schütteln	Die faule Marie kocht und putzt für die Frau Holle. Und die faule Marie schüttelt die Bettdecken aus.	
		Aber die faule Marie schüttelt nicht kräftig genug. Die Bettfedern fliegen nicht. Die Bettfedern werden nicht zu Schnee. Es schneit nicht auf der Erde.	
		So geht es ein paar Tage. Die Frau Holle ist nicht zufrieden mit der faulen Marie.	
		Die Frau Holle sagt:	
	Stimme Frau Holle	Marie, du musst wieder nach Hause gehen. Du bist keine gute Hilfe.	
Schwarzes Konfetti	Schwarzes Konfetti werfen	Die Frau Holle bringt die faule Marie zu dem Tor. Als die faule Marie durch das Tor geht regnet es Pech!	
Bitumenkleber oder schwarze „Zugsalbe“	Riechen und/oder auf den Arm streichen	Das Pech bleibt an der faulen Marie kleben. Das Pech stinkt!	

Material	Effekt	Text	Handelnde/ Texthinweise
		Die Frau Holle sagt:	
	Stimme Frau Holle	Das Pech ist für dich. Weil du so faul warst.	
	Stimme Hahn	Der Hahn ruft: Kikeriki – unsere schmutzige Jungfrau ist wieder hie.	
	Lied zum Abschluss		
		Jetzt ist die Geschichte aus.	

3.2 Die Bremer Stadtmusikanten

Ein Esel läuft die Land·straße entlang.
Er hat viele Jahre Mehl·säcke geschleppt.
Jetzt ist der Esel alt und schwach.
Er kann **keine** Säcke mehr schleppen.

Auf der Land·straße trifft er einen Hund.
Der Hund ist auch alt und schwach.
Der Esel sagt:
Ich gehe in die Stadt Bremen.
In Bremen werde ich Stadt·musikant.
Komm doch mit.

Der Esel und der Hund gehen weiter.
Sie treffen eine Katze.
Die Katze ist auch alt und schwach.
Der Esel und der Hund sagen:
Wir gehen nach Bremen.

In Bremen werden wir Stadt·musikanten.
Komm doch mit.

Der Esel und der Hund und die Katze gehen weiter.
Sie treffen einen Hahn.
Der Hahn ist auch alt und schwach.
Der Esel, der Hund und die Katze sagen:
Wir gehen nach Bremen.
In Bremen werden wir Stadt·musikanten.
Komm doch mit.

Der Esel und der Hund und die Katze und der Hahn gehen weiter.
Es wird Abend.
Die 4 Tiere suchen sich einen Ruhe·platz bei einem Baum.
Der Hahn fliegt ganz hinauf in die Baum·spitze.
Von dort sieht er die Lichter von einem Haus.

Die 4 Tiere gehen weiter zu dem Haus.
Der Esel sagt:
Im Haus finden wir sicher etwas zu essen.
Mir knurrt schon der Magen.

Sie kommen am Haus an.
Der Esel schaut durch das Fenster.
Der Esel sagt:
Ich sehe einen großen Tisch.
An dem Tisch sitzen böse Räuber.
Die bösen Räuber essen und trinken.

Der Hahn sagt:
Wir wollen auch an dem Tisch sitzen.
Wir sind hungrig und durstig.

Der Esel sagt:
Wir müssen die bösen Räuber verjagen.
Dann können wir essen und trinken.
Dann können wir an dem Tisch sitzen.

Die Tiere haben eine Idee.
Der Esel stellt seine Vorder·hufe auf das Fenster·brett.
Der Hund springt auf den Rücken vom Esel.
Die Katze springt auf den Rücken vom Hund.
Der Hahn flattert auf den Rücken von der Katze.

Jetzt machen die Tiere zusammen Musik:
Der Esel schreit.
Der Hund bellt.
Die Katze miaut.
Der Hahn kräht.

Die Tiere machen einen furchtbaren Krach.
Die Musik ist schrecklich!

Die bösen Räuber haben furchtbare Angst.
Sie springen auf.
Sie laufen weg.

Jetzt können die Tiere sich an den Tisch setzen.
Jetzt können die Tiere sich satt essen.

Vom vielen Essen werden die Tiere müde.
Der Esel legt sich zum Schlafen auf den Mist·haufen.
Der Hund legt sich vor die Haus·tür.
Die Katze legt sich zum warmen Ofen.
Der Hahn setzt sich auf einen Dach·balken.

Die Tiere schlafen ein.

Die 4 Tiere gehen **nicht** weiter nach Bremen.
Es gefällt den Bremer Stadt·musikanten in dem Haus.
Deshalb bleiben sie einfach dort.
Und wenn sie **nicht** gestorben sind, dann leben sie noch heute.

Materialliste: Die Bremer Stadtmusikanten

Material	Verwendung
Mondlampe	es wird Nacht
Kleinigkeit zu essen	die Tiere essen im Räuberhaus

Fühl mal! Die Bremer Stadtmusikanten

Material	Effekt	Text	Handelnde/ Texthinweise
		Ich erzähle euch eine Geschichte.	
		Ich erzähle euch die Geschichte von den Bremer Stadtmusikanten.	
		Ein Esel läuft die Landstraße entlang.	
	Stimme Esel	I-a! I-a!	
		Der Esel hat viele Jahre Mehlsäcke geschleppt. Jetzt ist der Esel alt und schwach. Der Esel kann keine Säcke mehr schleppen.	
		Auf der Landstraße trifft er einen Hund. Der Hund ist auch alt und schwach.	
	Stimme Hund	Wau! Wau!	
	Stimme Esel	Ich gehe in die Stadt Bremen. In Bremen werde ich Stadtmusikant. Komm doch mit. I-a!	
		Der Esel und der Hund gehen weiter. Sie treffen eine Katze. Die Katze ist auch alt und schwach.	
	Stimme Katze	Miau! Miau!	

Material	Effekt	Text	Handelnde/ Texthinweise
	Stimmen Esel und Hund	Wir gehen nach Bremen. In Bremen werden wir Stadtmusikanten. Komm doch mit.	
	Stimme Esel Stimme Hund	I-a! Wau!	
		Der Esel, der Hund und die Katze gehen weiter. Sie treffen einen Hahn. Der Hahn ist auch alt und schwach.	
	Stimme Hahn	Kikeriki!	
	Stimmen Esel, Hund und Katze	Wir gehen nach Bremen. In Bremen werden wir Stadtmusikanten. Komm doch mit.	
	Stimme Esel Stimme Hund Stimme Katze	I-a! Wau! Miau!	
Mondlampe	Zimmer verdunkeln Mondlampe an	Der Esel, der Hund, die Katze und der Hahn gehen weiter. Es wird Abend.	
		Die 4 Tiere suchen sich einen Ruheplatz bei einem Baum. Der Hahn fliegt ganz hinauf in die Baumspitze.	

Material	Effekt	Text	Handelnde/ Texthinweise
	Stimme Hahn	Kikeriki! Ich sehe die Lichter von einem Haus.	
	Stimme Esel	Im Haus finden wir sicher etwas zu essen. Mir knurrt schon der Magen. I-a!	
		Die 4 Tiere gehen weiter zu dem Haus. Als sie am Haus ankommen, schaut der Esel durch das Fenster.	
	Stimme Esel	I-a! Ich sehe einen großen Tisch. An dem Tisch sitzen böse Räuber. Die bösen Räuber essen und trinken.	
	Stimme Hahn	Kikeriki! Wir wollen auch an dem Tisch sitzen. Wir sind hungrig und durstig.	
	Stimme Esel	I-a! Wir müssen die bösen Räuber verjagen. Dann können wir essen und trinken. Dann können wir an dem Tisch sitzen.	

Material	Effekt	Text	Handelnde/ Texthinweise
		Die Tiere haben eine Idee. Der Esel stellt seine Vorderhufe auf das Fensterbrett. Der Hund springt auf den Rücken vom Esel. Die Katze springt auf den Rücken vom Hund. Der Hahn flattert auf den Rücken von der Katze.	
	Stimmen Tiere	Jetzt machen die Tiere zusammen Musik: Der Esel schreit. Der Hund bellt. Die Katze miaut. Der Hahn kräht.	
		Die Tiere machen einen furchtbaren Krach. Die Musik ist schrecklich!	
	Füßetrappeln	Die bösen Räuber haben furchtbare Angst. Sie springen auf. Sie laufen weg.	
Kleinigkeit zu essen	Jeder teilnehmenden Person Essen reichen	Jetzt können die Tiere sich an den Tisch setzen. Jetzt können die Tiere sich satt essen.	

Material	Effekt	Text	Handelnde/ Texthinweise
	schnarchen	Vom vielen Essen werden die Tiere müde. Der Esel legt sich zum Schlafen auf den Misthaufen. Der Hund legt sich vor die Haustür. Die Katze legt sich zum warmen Ofen. Der Hahn setzt sich auf einen Dachbalken. Die Tiere schlafen ein.	
		Die 4 Tiere gehen nicht weiter nach Bremen. Es gefällt den Bremer Stadtmusikanten in dem Haus. Und deshalb bleiben sie einfach dort.	
		Und wenn sie nicht gestorben sind, dann leben sie noch heute.	
	Lied zum Abschluss		
		Jetzt ist die Geschichte aus.	

3.3 Der Wolf und die 7 Geißlein

Es war einmal eine alte Geiß.
Die hatte 7 Geißlein.
Eines Tages geht die alte Geiß aus dem Haus.
Sie will Futter holen.
Sie sagt zu ihren Geißlein:
Ich gehe jetzt Futter holen.
Öffnet **nicht** die Tür.
Es ist vielleicht der Wolf.
Der Wolf will euch fressen.
Ihr erkennt den Wolf an seiner rauen Stimme
und an seinen schwarzen Pfoten.

Dann geht die alte Geiß fort.

Schon bald klopft es an die Tür.
Jemand ruft:

Macht auf ihr lieben Kinder.

Eure Mutter ist da und hat jedem von euch etwas mitgebracht.

Aber die Geißlein hören die raue Stimme.

Sie rufen:

Deine Stimme ist rau.

Du bist der Wolf.

Der Wolf geht fort.

Er hat eine Idee.

Er frisst ein großes Stück Kreide.

Das macht seine Stimme fein.

Der Wolf klopft wieder an die Tür.

Er ruft:

Macht auf ihr lieben Kinder.

Eure Mutter ist da und hat jedem von euch etwas mitgebracht.

Aber die Geißlein sehen die schwarze Pfote vom Wolf.

Sie rufen:

Deine Pfote ist schwarz.
Du bist der Wolf.

Der Wolf geht fort.
Er hat eine Idee.
Er streut weißes Mehl auf seine Pfote.
Jetzt ist seine Pfote weiß.

Der Wolf klopft wieder an die Tür.
Er ruft mit feiner Stimme:
Macht auf ihr lieben Kinder.
Eure Mutter ist da und hat jedem von euch etwas mitgebracht.
Er zeigt den Geißlein seine weiße Pfote.

Da denken die Geißlein:
Unsere Mutter steht vor der Tür.

Sie öffnen die Tür.
Aber da kommt der Wolf herein.
Da rennen die 7 Geißlein schnell und verstecken sich:
Unter dem Tisch.

Da tanzen die alte Geiß und die 7 Geißlein um den Brunnen.

Sie singen:

Der Wolf ist tot! Der Wolf ist tot!

Und sie freuen sich sehr.

Materialliste: Der Wolf und die 7 Geißlein

Material	Verwendung
Türschlagen	die Geiß verlässt das Haus
schwarzes Fell	der Wolf
Mehl	die Pfote des Wolfs wird weiß
Quietschgeräusch Tür	die Tür wird geöffnet
große Schere	Schneidegeräusch hören = Aufschneiden des Wolfsbauchs
schwere Steine	die Wackersteine, die dem Wolf in den Bauch gelegt werden
schweren Gegenstand in Wasserschüssel werfen	der Wolf fällt in den Brunnen
Tanzmusik	die Geiß und ihre Geißlein tanzen vor Freude

Fühl mal! Der Wolf und die 7 Geißlein

Material	Effekt	Text	Handelnde/ Texthinweise
		Ich erzähle euch eine Geschichte.	
		Ich erzähle euch die Geschichte vom Wolf und den 7 Geißlein.	
		Es war einmal eine alte Geiß, die hatte 7 Geißlein. Eines Tages geht die alte Geiß aus dem Haus. Sie will Futter holen.	
	Stimme Geiß	Sie sagt zu ihren 7 Geißlein: Ich gehe jetzt Futter holen. Öffnet nicht die Tür. Es ist vielleicht der Wolf. Der Wolf will euch fressen. Ihr erkennt den Wolf an seiner rauen Stimme und an seinen schwarzen Pfoten.	
Tür	Tür fällt ins Schloss	Dann geht die alte Geiß fort.	
	3x klopfen	Schon bald klopft es an die Tür.	
	Stimme Wolf rau	Jemand ruft: Macht auf ihr lieben Kinder. Eure Mutter ist da.	
	Stimmen Geißlein	Aber die 7 Geißlein hören die raue Stimme. Sie rufen: Deine Stimme ist rau. Du bist der Wolf.	

Material	Effekt	Text	Handelnde/ Texthinweise
		Der Wolf geht fort. Er hat eine Idee. Er frisst ein großes Stück Kreide. Das macht seine Stimme fein.	
	3x klopfen	Der Wolf klopft wieder an die Tür.	
	Feine Stimme Wolf verstellt	Er ruft: Macht auf ihr lieben Kinder. Eure Mutter ist da.	
Schwarzes Fell	Schwarzes Fell fühlen und anschauen	Aber die 7 Geißlein sehen die schwarze Pfote vom Wolf.	
	Stimmen Geißlein	Sie rufen: Deine Pfote ist schwarz. Du bist der Wolf.	
Mehl	Mehl auf die Hand streuen	Der Wolf geht fort. Er hat eine Idee. Er streut weißes Mehl auf seine Pfote. Jetzt ist seine Pfote weiß.	
	3x klopfen	Der Wolf klopft wieder an die Tür.	
	Feine Stimme Wolf verstellt	Er ruft mit feiner Stimme: Macht auf ihr lieben Kinder. Eure Mutter ist da. Er zeigt den 7 Geißlein seine weiße Pfote.	
Quietschgeräusch Tür	Tür quietscht	Da denken die 7 Geißlein ihre Mutter steht vor der Tür. Sie öffnen die Tür.	

Material	Effekt	Text	Handelnde/ Texthinweise
Eine Person als Wolf	„Wolf" läuft durchs Zimmer und brüllt (Reaktionen beobachten und Intensität ggf. anpassen)	Aber der Wolf kommt herein! Oje!	
	Fußgetrappel	Da rennen die 7 Geißlein schnell und verstecken sich. Unter dem Tisch. Im Bett. Im Ofen. In der Küche. Im Schrank. Unter der Waschschüssel. Im Uhrenkasten.	
Eine Person als Wolf	„Wolf" läuft durchs Zimmer und brüllt (Reaktionen beobachten!)	Aber der Wolf findet alle Geißlein. Der Wolf frisst alle Geißlein auf.	
		Nur das Geißlein im Uhrenkasten findet er nicht.	
			Kurze Pause / Stille
		Die alte Geiß kommt nach Hause. Sie bekommt einen großen Schreck. Alle 7 Geißlein sind verschwunden.	
Eine Person als Geiß	„Geiß" sucht im Kreis	Die alte Geiß sucht ihre Kinder.	
	Stimme Geiß	Geißlein! Wo seid ihr!	
		Die alte Geiß findet das eine Geißlein im Uhrenkasten.	

Material	Effekt	Text	Handelnde/ Texthinweise
	Stimme Geißlein	Mutter! Hier bin ich!	
		Das Geißlein erzählt der Mutter, was passiert ist.	
	Stimme Geißlein	Der Wolf hat die anderen Geißlein gefressen.	
	Wolf schnarcht laut	Die alte Geiß und das Geißlein sehen den Wolf auf der Wiese liegen. Er ist müde und vollgefressen. Der Wolf schläft tief und fest.	
Große Schere	Schere zeigen Schneidegeräusch anhören	Die alte Geiß nimmt eine Schere. Die alte Geiß schneidet dem Wolf den Bauch auf.	
		Da springen alle Geißlein aus dem Bauch. Die Geißlein sind gesund und munter.	
	Arme hoch und mit jeder teilnehmenden Person „Hurra" rufen	Hurra!	
Schwere Steine	Stein auf den Schoß legen, Stein fühlen, Gewicht spüren	Die alte Geiß sagt zu den Geißlein: Sucht schwere Steine. Die wollen wir dem Wolf in den Bauch legen. Dann näht die alte Geiß den Bauch vom Wolf wieder zu.	
		Der Wolf wacht auf. Er ist sehr durstig.	

Material	Effekt	Text	Handelnde/ Texthinweise
	Stimme Wolf rau	Ich bin so durstig!	
		Der Wolf geht zum Brunnen. Er beugt sich vor. Er will trinken.	
		Aber sein Bauch ist viel zu schwer. Der Bauch ist voll mit schweren Steinen.	
	Stimme Wolf rau	Hilfe!	
Wasserschüssel Schwerer Gegenstand	Gegenstand ins Wasser werfen	Der Wolf fällt in den Brunnen und ertrinkt.	
		Da tanzen die alte Geiß und die 7 Geißlein um den Brunnen.	
	Stimmen Geißlein und alte Geiß	Sie singen: Der Wolf ist tot! Der Wolf ist tot! Und sie freuen sich sehr.	
Tanzmusik	Tanzen mit allen Teilnehmenden		
	Lied zum Abschluss		
		Jetzt ist die Geschichte aus.	

3.4 Hänsel und Gretel

Die Eltern von Hänsel und Gretel sind sehr arm.
Darum haben Hänsel und Gretel **nicht** genug zu essen.
Die Eltern schicken Hänsel und Gretel fort.

Hänsel und Gretel gehen in den Wald.
Sie sind ganz alleine im dunklen Wald.
Sie haben große Angst.
Sie sind sehr hungrig.

Es ist sehr kalt in dem Wald.
Hänsel und Gretel sind alleine.

Aber Hänsel nimmt Gretel fest an die Hand.
Er sagt:
Zusammen haben wir **keine** Angst.

So laufen sie zusammen durch den Wald.

Endlich kommen sie an ein Haus.
Das Haus ist ganz aus Lebkuchen gemacht.
Da freuen sich Hänsel und Gretel.
Endlich haben sie etwas zu essen.

Hänsel und Gretel essen Lebkuchen, bis sie **nicht** mehr können.

Da ruft eine Stimme aus dem Lebkuchen·haus:
Knusper, knusper, knäuschen, wer knuspert an meinem Häuschen?
Hänsel und Gretel antworten:
Der Wind, der Wind, das himmlische Kind.

Im Lebkuchen·haus wohnt eine böse Hexe.
Das Lebkuchen·haus ist ein Hexen·haus.
Die böse Hexe packt Hänsel und Gretel.
Die böse Hexe sperrt Hänsel und Gretel ins Hexen·haus.

Gretel muss für die böse Hexe arbeiten.
Die böse Hexe sperrt Hänsel in einen Käfig.
Sie möchte Hänsel fressen.

Hänsel und Gretel sind gefangen.
Sie haben schreckliche Angst.

Einmal steht die Hexe am Ofen.
Da hat Gretel eine Idee.
Gretel stößt die böse Hexe in den Ofen.
Die böse Hexe verbrennt in dem Ofen.

Da sind Hänsel und Gretel wieder frei.
Gretel fasst Hänsel fest an der Hand.
Die Kinder laufen zusammen zu ihren Eltern.
Die Eltern sind froh,
dass die Kinder wieder da sind.

Und wenn sie **nicht** gestorben sind, dann leben sie noch heute.

Materialliste: Hänsel und Gretel

Material	Verwendung
Waldgeräusche	Hänsel und Gretel gehen in den Wald
Heulschlauch	unheimliche Stimmung im Wald
Kühlpad	Kälte im Wald
Lebkuchen oder Honig	Hänsel und Gretel naschen am Knusperhäuschen
fröhliche Musik	Hänsel und Gretel sind frei und tanzen vor Freude

Fühl mal! Hänsel und Gretel

Material	Effekt	Text	Handelnde/ Texthinweise
		Ich erzähle euch eine Geschichte.	
		Ich erzähle euch die Geschichte von Hänsel und Gretel.	
		Hänsel und Gretel haben arme, arme Eltern. Hänsel und Gretel haben nicht genug zu essen.	
	Handbewegung „fort", „fort" zu jeder teilnehmenden Person laut sprechen	Darum schicken die Eltern Hänsel und Gretel fort.	
Waldgeräusche Heulschlauch	Raum abdunkeln Geräusche mit dem Heulschlauch erzeugen als Waldgeräusche	Hänsel und Gretel sind ganz verlassen. Hänsel und Gretel sind ganz allein im tiefen, dunklen Wald. Hänsel und Gretel haben große Angst. Hänsel und Gretel sind hungrig.	
Waldgeräusche Kühlpad	Waldgeräusche; jede teilnehmende Person Kühlpad fühlen lassen	Es ist sehr, sehr kalt.	
		Hänsel und Gretel sind einsam und allein. Was können sie tun?	

Material	Effekt	Text	Handelnde/ Texthinweise
	Arm um die Schulter von jeder teilnehmenden Person legen oder Hand fest halten und sprechen: „Zusammen haben wir keine Angst.“	Hänsel nimmt Gretel fest an die Hand. Zusammen haben sie keine Angst.	
		Zusammen laufen sie durch den Wald.	
		Endlich kommen sie an ein Haus. Das Haus ist ganz aus Lebkuchen gemacht. Da freuen sich Hänsel und Gretel.	
Lebkuchen oder Honig	Lebkuchen oder Honig probieren lassen	Hmm... die Lebkuchen schmecken gut. Endlich haben sie etwas zu essen. Endlich haben sie keinen Hunger mehr.	
		Da ruft eine Stimme aus dem Lebkuchenhaus:	
	Stimme Hexe	Knusper, knusper, knäuschen, wer knuspert an meinem Häuschen?	
	Stimmen Hänsel und Gretel Text 3x wiederholen	Der Wind, der Wind, das himmlische Kind.	
		Im Lebkuchenhaus wohnt eine böse Hexe. Das Lebkuchenhaus ist ein Hexenhaus!	

Material	Effekt	Text	Handelnde/ Texthinweise
	Jede teilnehmende Person an den Händen packen und einen Moment festhalten (Reaktion beachten!)	Die böse Hexe packt Hänsel und Gretel.	
		Die böse Hexe zieht Hänsel und Gretel ins Hexenhaus. Hänsel und Gretel sind gefangen. Gretel muss für die böse Hexe arbeiten. Die böse Hexe sperrt Hänsel in einen Käfig. Sie möchte Hänsel fressen.	
		Hänsel und Gretel sind gefangen. Sie haben schreckliche Angst. Was können Sie tun?	
		Einmal steht die Hexe am Ofen. Da hat Gretel eine Idee.	
	Stimme Gretel	Ich habe eine Idee!	
	Stoßbewegung mit jedem Teilnehmer, Handführung	Gretel stößt die böse Hexe in den Ofen. Die böse Hexe verbrennt im Ofen.	
Musik	Musik und tanzen	Die böse Hexe ist tot! Hänsel und Gretel tanzen vor Freude.	

Material	Effekt	Text	Handelnde/ Texthinweise
		Da sind Hänsel und Gretel wieder frei. Gretel fasst Hänsel fest an der Hand. Die Kinder laufen zusammen zu ihren Eltern. Die Eltern sind froh, dass Hänsel und Gretel wieder da sind. Und wenn sie nicht gestorben sind, dann leben sie noch heute.	
	Lied zum Abschluss		
		Jetzt ist die Geschichte aus.	

3.5 Der Froschkönig

Es war einmal eine Königs·tochter.
Die Königs·tochter wohnt in einem Schloss.
Sie spielt gerne mit ihrer goldenen Kugel.
Sie sitzt gerne am Brunnen im Wald.
Aber da fällt die goldene Kugel ins Wasser.
Die goldene Kugel ist verloren im tiefen Brunnen.
Da weint die Königs·tochter sehr.

Im Brunnen schwimmt ein dicker, hässlicher Frosch.
Vielleicht kann der Frosch der Königs·tochter helfen.
Die Königs·tochter sagt:
Bring mir meine goldene Kugel wieder herauf.
Dann darfst du bei mir im Schloss wohnen.

Der Frosch holt die goldene Kugel wieder herauf.
Er gibt der Königs·tochter die goldene Kugel.
Die Königs·tochter freut sich.

Sie läuft zum Schloss.
Sie vergisst den Frosch.

Aber der Frosch möchte auch im Schloss wohnen.
Er denkt:
Die Königs·tochter hat es mir versprochen.
Der Frosch hüpft zum Schloss.
Er klopft an das Tor.
Er ruft:
Mach mir auf, Königs·tochter!
Du hast es mir versprochen.

Also lässt die Königs·tochter den Frosch in das Schloss.

Es ist Essens·zeit.
Die Königs·tochter hat einen goldenen Teller.
Der Frosch möchte auch von dem goldenen Teller essen.
Aber die Königs·tochter ekelt sich vor dem Frosch.
Da sagt der Frosch:
Du hast es mir versprochen.

Also setzt die Königs·tochter ihn auf den Tisch.
So kann der Frosch von dem goldenen Teller essen.

Dann ist Schlafens·zeit.
Die Königs·tochter hat ein sehr weiches Bett.
Der Frosch möchte auch in dem sehr weichen Bett schlafen.
Aber er ist kalt und nass.
Die Königs·tochter möchte **nicht** mit dem Frosch im Bett liegen.
Der Frosch sagt:
Du hast es mir versprochen.
Die Königs·tochter ruft:
Nein!

Sie nimmt den Frosch.
Sie wirft ihn an die Wand.
Da wird aus dem Frosch ein wunderschöner Prinz.

Die Königs·tochter und der Prinz feiern eine große Hochzeit.
Und wenn sie **nicht** gestorben sind, dann leben sie noch heute.

Materialliste: Der Froschkönig

Material	Verwendung
goldene Kugel	das Spielzeug der Königstochter
Gegenstand in Wasserschüssel werfen	die Kugel fällt in den Brunnen
Pappröhre	Toneffekt „tiefer Brunnen“
Froschquaken	der Frosch
Kugel oder Gegenstand aus der Wasserschüssel herausholen	der Frosch holt die Kugel wieder aus dem Brunnen
Torquietschen	der Frosch wird in das Schloss eingelassen
goldener Teller mit Süßigkeiten	das Essen der Königstochter, das sie mit dem Frosch teilt
weiche Decke	das Bett der Königstochter
kalter, nasser (Wasch-)Lappen	der kalte, nasse Frosch
„Zauber“geräusch	der Frosch verwandelt sich in einen Prinzen
Menuett Musik	der Prinz und die Königstochter feiern Hochzeit

Fühl mal! Der Froschkönig

Material	Effekt	Text	Handelnde/ Texthinweise
		Ich erzähle euch eine Geschichte.	
		Ich erzähle euch die Geschichte vom Froschkönig.	
		Es war einmal eine Königstochter. Die Königstochter wohnt in einem Schloss.	
Goldene Kugel	Kugel fühlen lassen, Kugel hochwerfen und auffangen	Die Königstochter spielt gerne mit ihrer goldenen Kugel.	
Wasserschüssel Gegenstand	Gegenstand ins Wasser werfen, Wasser spritzen	Die Königstochter sitzt gerne am Brunnen im Wald. Oje! Die goldene Kugel fällt ins Wasser! Platsch!	
Pappröhre	In die Röhre sprechen	Die goldene Kugel ist verloren im tiefen, tiefen Brunnen.	
	Weinen der Königstochter	Die Königstochter weint.	
		Im Brunnen schwimmt ein dicker, hässlicher Frosch. Der Frosch kann der Königstochter helfen.	
	Stimme Frosch	Quak. Quak.	
	Stimme Königstochter	Bring mir meine goldene Kugel wieder herauf. Dann darfst du bei mir im Schloss wohnen.	

Material	Effekt	Text	Handelnde/ Texthinweise
Wasserschüssel Kugel	Wasser plätschern Kugel in die Mitte auf den Boden werfen	Der Frosch holt die goldene Kugel wieder herauf.	
		Die Königstochter freut sich.	
	Stimme Königstochter	Meine goldene Kugel ist wieder da!	
		Die Königstochter läuft zum Schloss. Sie denkt nicht mehr an den Frosch.	
		Aber der Frosch möchte auch im Schloss wohnen. Das hat die Königstochter versprochen. Der Frosch hüpft zum Schloss.	
	Klopfen	Der Frosch klopft an das Tor.	
Klopfen und Froschruf	Stimme Frosch 3x wiederholen	Mach mir auf, Königstochter! Du hast es mir versprochen. Quak.	
Geräusch Torquietschen	Geräusch hören	Also lässt die Königstochter den Frosch in das Schloss.	
Goldener Teller mit Süßigkeiten	Jede teilnehmende Person vom goldenen Teller probieren lassen	Es ist Essenszeit. Die Königstochter hat einen goldenen Teller. Der Frosch möchte auch von dem goldenen Teller essen. Die Königstochter setzt den Frosch auf den Tisch.	

Material	Effekt	Text	Handelnde/ Texthinweise
Weiche Decke	Decke fühlen lassen	Dann ist Schlafenszeit. Die Königstochter hat ein weiches, weiches Bett. Der Frosch möchte auch in dem weichen Bett schlafen.	
Kalter, nasser (Wasch-) Lappen	Mit kaltem Waschlappen Hand oder Arm berühren, fühlen lassen	Aber der Frosch ist kalt und nass. Brrrr! Die Königstochter möchte nicht mit dem Frosch im Bett liegen.	
	Stimme Königstochter Mit dem Fuß aufstampfen	Nein! Ich möchte nicht mit dem Frosch im Bett liegen.	
Kalter, nasser (Wasch-) Lappen	Waschlappen an die Wand/ Tür werfen	Die Königstochter wirft den Frosch an die Wand. Klatsch!	
„Zauber"geräusch	Geräusch hören	Da wird aus dem Frosch ein wunderschöner Prinz.	
	Mit jeder teilnehmenden Person Arme hoch und „Hurra" rufen	Alle freuen sich. Hurra!	
Menuett Musik	Musik hören Tanzen	Die Königstochter und der Prinz feiern eine große Hochzeit.	
		Und wenn sie nicht gestorben sind, dann leben sie noch heute.	
	Lied zum Abschluss		
		Jetzt ist die Geschichte aus.	

3.6 Das Rotkäppchen

Es war einmal ein liebes Mädchen.
Es hat immer eine rote Kappe auf.
Deshalb nennt jeder das Mädchen:
Das Rotkäppchen.

Das Rotkäppchen geht zur Großmutter.
Die Großmutter wohnt im Wald.
Sie ist krank.
Das Rotkäppchen bringt ihr Kuchen und Wein.

Im Wald wohnt auch der böse Wolf.
Der böse Wolf will die Großmutter fressen.
Der böse Wolf läuft zum Haus von der Großmutter.
Er klopft an die Tür.
Aber die Großmutter ist krank.
Die Großmutter kann **nicht** aufstehen.
Sie weiß **nicht**, dass der böse Wolf vor der Tür steht.

Sie ruft:
Herein.

Der böse Wolf kommt herein.
Mit seinem großen Maul frisst der Wolf die Großmutter einfach auf.

Dann zieht der böse Wolf die Kleider von der Großmutter an.
Er legt sich in das Bett von der Großmutter.

Das Rotkäppchen kommt zum Haus von der Großmutter.
Es geht in das Zimmer von der Großmutter.
Im Zimmer ist es dunkel.
Das Rotkäppchen sieht den bösen Wolf im Bett liegen.
Aber das Rotkäppchen erkennt den bösen Wolf **nicht**.
Es denkt:
Das ist die Großmutter.

Das Rotkäppchen wundert sich:
Großmutter, was hast du für große Ohren?
Der böse Wolf antwortet:
Damit ich dich besser hören kann.

Das Rotkäppchen fragt:
Großmutter, was hast du für große Augen?
Der böse Wolf antwortet:
Damit ich dich besser sehen kann.

Das Rotkäppchen fragt:
Großmutter, was hast du für große Hände?
Der böse Wolf antwortet:
Damit ich dich besser packen kann.

Das Rotkäppchen fragt:
Großmutter, was hast du für ein schrecklich großes Maul?
Der böse Wolf ruft:
Damit ich dich besser fressen kann.

Mit seinem großen Maul frisst der böse Wolf das Rotkäppchen einfach auf.

Der böse Wolf ist vom vielen Fressen ganz müde geworden.
Er legt sich wieder ins Bett.
Der böse Wolf schläft ein.
Er schnarcht schrecklich laut.

Der Jäger kommt am Haus von der Großmutter vorbei.
Er denkt:
Warum schnarcht die Großmutter so laut?

Der Jäger geht in das Haus hinein.
Im Haus findet er den bösen Wolf.
Der Jäger wundert sich über den dicken Bauch vom bösen Wolf.
Er schneidet den Bauch vom bösen Wolf auf.
Da springen die Großmutter und das Rotkäppchen heraus.
Sie sind gesund und munter.

Die Großmutter und das Rotkäppchen rufen:
Hurra! Der böse Wolf ist tot!
Sie sind froh, dass sie lebendig sind.

Sie feiern mit dem Jäger ein Fest.
Sie essen den Kuchen und trinken den Wein.
Und wenn sie **nicht** gestorben sind, dann leben sie noch heute.

Materialliste: Das Rotkäppchen

Material	Verwendung
Waldduft oder Waldmaterialien (z. B. Moos), Waldgeräusche	Waldstimmung erzeugen
Korb mit Kuchen und Wein oder alternativ Traubensaft	Rotkäppchens Gaben für die Großmutter
unheimliche Musik, tiefe Töne, Wolfheulen	herannahende Bedrohung durch den Wolf
Trommel(schlag)	der Wolf frisst die Großmutter
Jagdhorn oder Jagdhornmusik	Zeichen für den Jäger
Kuchen, Wein oder alternativ Traubensaft	Festschmaus

Fühl mal! Das Rotkäppchen

Material	Effekt	Text	Handelnde/ Texthinweise
		Ich erzähle euch eine Geschichte.	
		Ich erzähle euch die Geschichte vom Rotkäppchen.	
		Es war einmal ein liebes Mädchen. Es hat immer eine rote Kappe auf. Deshalb nennt jeder das Mädchen: Das Rotkäppchen.	
		Das Rotkäppchen geht zur Großmutter.	
Waldduft oder Waldmaterialien (z. B. Moos) Waldgeräusche	Waldduft zufächeln oder Waldmaterialien fühlen lassen Geräusche hören	Die Großmutter wohnt im Wald.	
Korb mit Kuchen und Wein bzw. Traubensaft	Korb und Inhalt zeigen und fühlen lassen	Das Rotkäppchen bringt der Großmutter Kuchen und Wein.	
Unheimliche Musik, tiefe Töne, Wolfheulen	Geräusche und Musik hören	Im Wald wohnt auch der böse Wolf. Der böse Wolf will die Großmutter fressen. Der Wolf läuft zum Haus von der Großmutter.	

Material	Effekt	Text	Handelnde/ Texthinweise
	Geräusche und Musik lauter werden lassen	Er geht in das Haus von der Großmutter. Mit seinem großen, großen Maul frisst der Wolf die Großmutter ratz, fatz auf.	
	Musik aus	Der böse Wolf zieht die Kleider von der Großmutter an. Der böse Wolf legt sich in das Bett von der Großmutter.	
	3x klopfen	Das Rotkäppchen kommt zum Haus von der Großmutter. Das Rotkäppchen klopft an die Tür.	
		Das Rotkäppchen sieht den bösen Wolf im Bett liegen. Aber im Zimmer ist es dunkel. Das Rotkäppchen denkt, es ist die Großmutter.	
	Stimme Rotkäppchen neugierig-verwundert	Ei, Großmutter, was hast du für große Ohren?	
	Stimme Wolf verschlagen	Damit ich dich besser hören kann.	
Unheimliche Musik	Stimme Rotkäppchen neugierig-verwundert Unheimliche Musik setzt ein und wird nach und nach lauter	Ei, Großmutter, was hast du für große Augen?	
	Stimme Wolf verschlagen	Damit ich dich besser sehen kann.	

Material	Effekt	Text	Handelnde/ Texthinweise
	Stimme Rotkäppchen neugierig-verwundert	Ei, Großmutter, was hast du für große Hände?	
	Stimme Wolf verschlagen	Damit ich dich besser packen kann.	
	Stimme Rotkäppchen neugierig-verwundert	Ei, Großmutter, was hast du für ein entsetzlich großes Maul?	
	Stimme Wolf verschlagen, laut	Damit ich dich besser fressen kann.	
Unheimliche Musik Trommel	Unheimliche Musik erreicht Lautstärkehöhepunkt Trommelschlag bei „ratz, fatz“	Mit seinem großen, großen Maul frisst der Wolf das Rotkäppchen ratz, fatz auf.	
	Musik aus	Vom vielen Fressen ist der Wolf ganz müde geworden. Der Wolf legt sich wieder ins Bett. Der Wolf schläft ein.	
	schnarchen	Der Wolf schnarcht ganz fürchterlich laut.	
Jagdhorn oder Jagdhornmusik	Jagdhorn hören	Der Jäger kommt am Haus von der Großmutter vorbei.	
	Schnarchen Stimme Jäger	Warum schnarcht die Großmutter so laut?	

Material	Effekt	Text	Handelnde/ Texthinweise
		Der Jäger geht in das Haus. Er findet den bösen Wolf. Der Jäger wundert sich über den dicken Bauch vom bösen Wolf. Der Jäger schneidet dem bösen Wolf den Bauch auf. Die Großmutter und das Rotkäppchen springen heraus. Die Großmutter und das Rotkäppchen sind gesund und munter.	
	Stimme Großmutter und Rotkäppchen	Danke lieber Jäger!	
		Alle sind froh.	
	Zu jedem Teilnehmer Arme hoch und „Hurra“ rufen	Hurra! Der böse Wolf ist tot!	
Kuchen, Wein bzw. Traubensaft	Kuchen und gegebenenfalls Wein oder alternativ Traubensaft probieren lassen	Die Großmutter, das Rotkäppchen und der Jäger feiern ein Fest. Sie essen den Kuchen und trinken den Wein.	
		Und wenn sie nicht gestorben sind, dann leben sie noch heute.	
	Lied zum Abschluss		
		Jetzt ist die Geschichte aus.	

4 Quellenverzeichnis

Deutsche UNESCO Kommission. 2021: Hausmärchen der Brüder Grimm – Und wenn sie nicht gestorben sind…

https://www.unesco.de/kultur-und-natur/weltdokumentenerbe/weltdokumentenerbe-deutschland/maerchen-brueder-grimm (abgerufen am 24.11.2022)

Die Kinder- und Hausmärchen der Brüder Grimm. 1988. 23. Aufl. Berlin: Der Kinderbuchverlag Berlin-DDR 1963

Jessen-Narr, Frauke; Böttcher, Monika. 2018. „Fühl mal!“ Gottes Wort – Biblische Erlebnisgeschichten für Menschen mit hohem Unterstützungsbedarf, Karlsruhe: von Loeper Literaturverlag

Über die Autorin

Frauke Jessen-Narr ist Ergotherapeutin, Fachkraft für Unterstütze Kommunikation, Kommunikationspädagogin und Übersetzerin für Leichte Sprache. In ihrer langjährigen Zusammenarbeit mit Menschen mit Behinderung war es ihr immer wichtig sich fortzubilden und ihre Haltung zu reflektieren. In den letzten Jahren setzt sie sich vermehrt mit der Schaffung von Bildungsmöglichkeiten für Menschen mit hohem Unterstützungsbedarf ein. Das Fühl-mal-Konzept hat sie gemeinsam mit ihrer Kollegin Monika Böttcher entwickelt. Der Fokus auf die Leichte Sprache ist für sie aber nicht nur in diesem Konzept, sondern im Alltag wichtig, weil der Zugang zu Informationen die Basis für Selbst- und Mitbestimmung bildet.

Weitere Bücher aus dem von Loeper Literaturverlag

Frauke Jessen-Narr, Monika Böttcher
Evangelische Landeskirche in Württemberg (Hrsg.)

„Fühl mal!" Gottes Wort

Biblische Erlebnisgeschichten für Menschen mit hohem Unterstützungsbedarf

Sechs der bekanntesten Bibelgeschichten werden erst zitiert, dann folgt eine übersichtliche Materialliste der ergänzenden Effekte. Die Geschichten sind für das „Fühl mal!"-Konzept in einem übersichtlich und zeitlich sortierten Erzählraster vereinfacht dargestellt. So kann man direkt erkennen, zu welchem Zeitpunkt welcher Text gesprochen oder welche Effekte eingesetzt werden sollen. Im Anschluss daran sind die Geschichten noch einmal in Leichter Sprache übersetzt. Diese Übersetzung wurde von der Forschungsstelle für Leichte Sprache wissenschaftlich geprüft.

96 S., kartoniert; **ISBN: 978-3-86059-249-6**

Caritas Augsburg Betriebsträger gGmbH (Hrsg.)

Deutschland mehr wissen

37 Einblicke in Leichter Sprache

„Deutschland mehr wissen" ist ein innovatives Buch, das es in dieser Form bisher noch nicht gegeben hat. Die Besonderheit ist, dass die 37 Geschichten rund um Deutschland in Leichter Sprache geschrieben sind und auf jeweils einer Doppelseite kompakt dargestellt werden. Hierbei waren Menschen mit Lernschwierigkeiten nicht nur als Prüfer:innen am Projekt beteiligt, sondern haben unter anderem auch an der Auswahl der Inhalte mitgewirkt.

Aufgrund der leicht verständlichen Formulierungen und der übersichtlichen Gestaltung spricht das Buch in erster Linie Menschen an, die Schwierigkeiten damit haben, die deutsche Standardsprache zu verstehen.

108 S., kartoniert; **ISBN: 978-3-86059-290-8**

Nicol Goudarzi

Maximal Unsichtbar in einfacher Sprache

Roman

Maxima ist fünfzehn Jahre alt. In der Schule wird sie oft geärgert.
Deshalb ist sie sehr still. Sie möchte am liebsten unsichtbar sein.

Aber dann kommt Bastian in ihre Klasse. Er hat eine Körperbehinderung.
Und er spricht mit einem Sprachcomputer.

Maxima und Bastian werden Freunde. Sie verbringen viel Zeit miteinander.

Maxima wird immer selbstsicherer. Bastians Behinderung wird für sie immer unwichtiger.

240 S., kartoniert; **ISBN: 978-3-86059-713-2**

von Loeper Literaturverlag
Daimlerstr. 23, 76185 Karlsruhe, Tel. (0721) 46 47 29 0, Fax (0721) 46 47 29 099
E-Mail: Info@vonLoeper.de, Internet: www.vonLoeper.de